KB033051

3 · 3 · 3

감사 노트

나의 _____ 번째 감사 노트

/   /   ~   /   /

_____

_____

"고맙습니다."
마법 같은 한마디

스트레스 연구의 대가로 불리는 한스 셀리에가 고별 강연을 할 때였습니다. 한 학생이 물었습니다. "스트레스를 없애는 비결을 딱 한 가지만 이야기해 주십시오." 그러자 그는 이 한마디를 남겼습니다. "감사."

감사는 기쁨을 일으켜 나를 더 좋은 일, 더 아름다운 관계, 더 행복한 시간으로 나아가게 합니다. 반대로 자주 불평하거나 부정적인 생각을 품다 보면 결국 삶 자체에 대한 회의가 싹터 마음이 어두워집니다.

우리가 힘든 순간에도 감사할 일을 찾아야 하는 이유입니다. 작은 것이라도 감사의 조건을 찾아내 보세요. 불평하고 나서도 감사할 일은 없을지 떠올려 보세요. 그러면 어느새 좋은 일에 집중하는 자신을 발견할 것입니다.

물론 갑자기 감사할 일을 떠올리기란 무척이나 어렵습니다. 이 책은 그런 분들을 위해 쓰였습니다. 빈센트 반 고흐, 라이너 마리아 릴케 등 좋은생각이 지금까지 모은 문장 중 사랑과 희망, 삶의 아름다움을 노래한 명언을 선별했습니다. 이를 하루에 한 구절씩 제시하며, 어떤 부분을 특히 주의 깊게 읽으면 좋을지 표시했습니다. 문장을 활용해 오늘의 감사를 적고, 나만의 감사 기록으로 만들어 보세요.

감사는 저절로 주어지지 않습니다. 의지를 갖고 찾아 행해야 합니다. 그래야 감사가 주는 진정한 평화를 맛볼 수 있습니다. 감사는 나를 평화롭게 하는 가장 쉽고 빠른 길입니다.

《3·3·3 감사 노트》는 '나에게 고마운 일', '다른 사람에게 고마운 일', '오늘 기억에 남는 일' 세 가지로 나뉘어 있습니다. 각각의 항목에 세 가지씩 답해 보세요. 심리학자들은 숫자 '3'에 마음을 움직이는 힘이 있다고 말합니다. 안정적이고 기억하기 좋은 숫자이기 때문입니다. 높은 집중력을 유지하는 시간 역시 삼 분으로 봅니다.

하루 삼 분 시간을 내어 세 가지 질문에 세 문장을 써 내려가며 하루를 돌아보고, 나 자신을 격려하세요. 이를 삼십 일간 세 번 반복

할 수 있는 분량입니다. 매일 기록하면 좋겠지만 빠뜨려도 괜찮습니다. 다음 날 다시 쓰면 되니까요. 습관을 들이는 것이 중요합니다. 위쪽에 작성일도 써 둡니다. 나날의 기록이 모이면 나의 소중한 삶이 됩니다. 후에 책을 펼쳐 보면 언제 어떤 일을 겪었는지, 고마운 일이 얼마나 많았는지 알 수 있습니다.

특별하거나 거창한 일을 써야 하는 것은 아닙니다. 부담감을 내려놓고 사소한 일부터 적어 보세요. "따뜻한 도시락을 싸 준 엄마에게 고맙다." "약속에 늦지 않았다." 등 당연하게 여겼던 일상도 쓰는 순간 고마운 일로 다가옵니다.

《3·3·3 감사 노트》 함께 읽고 쓰기

❶ 오늘의 한마디

오늘 함께 읽고 싶은 한 문장입니다. 그중에서도 좀 더 깊이 생각해 보면 좋을 단어를 특별히 강조했습니다. 오늘의 감사는 여기서부터 시작해 보면 어떨까요?

❷ 나에게 고마운 일

'시작'에 초점을 맞춘다면 어떤 감사를 할 수 있을까요? 오늘 처음 도전한 일이나 평소와는 다르게 한 일 등 사소한 행동일지라도 쓰는 순간 마음에 행복과 감사가 피어납니다.

❸ 다른 사람에게 고마운 일

나를 웃음 짓게 한 사람이나 용기를 준 한마디, 곤란한 상황에서 도움 받은 일 등을 적어 보세요.

❹ 오늘 기억에 남는 일

오늘 겪은 일 가운데 기억에 남는 순간을 기록하세요. 기쁘고 행복한 일뿐 아니라 슬프거나 아팠던 일도 나의 소중한 역사가 됩니다.

01

●2 나에게 고마운 일

1. 감사 일기를 쓰기 시작했다.

2. 친구에게 잊지 않고 잘 자라는 메시지를 보냈다.

3. 출근길, 전철에서 나를 밀친 사람에게 짜증 내지 않고 웃어넘겼다.

●3 다른 사람에게 고마운 일

1. 친구가 운동을 등록한 나에게 "잘할 거야!"라며 응원해 줬다.

2. 오래간만에 전화로 안부를 물은 친구에게 고마운 마음이 들었다.

3. 일이 잘 풀리지 않아 의기소침할 때 직장 선배가 격려해 주었다.

●4 오늘 기억에 남는 일

1. 친구가 전화해 결혼 소식을 전했다. 오랜만에 옛 생각이 나서 반가웠다.

2. 아이가 어린이집에서 배운 춤을 추었다. 오늘 기분이 좋아 보였다.

3. 벌써 수째 밈 끼기 떨어지지 않는다 체력을 길러야겠다.

산책을 나가 볼까요?
흐르는 구름, 바람에 흔들리는 나뭇잎, 작은 새와 벌레들.
움직이는 것들을 가만히 관찰하다 보면
나도 뭐든 할 수 있을 것 같은 기분이 든답니다!

01

자신의 발견은 세상의 발견보다 중요하다. _ 찰스 핸디

나에게 고마운 일

1. _____

2. _____

3. _____

다른 사람에게 고마운 일

1. _____

2. _____

3. _____

오늘 기억에 남는 일

1. _____

2. _____

3. _____

02

성공의 여정을 즐길 줄 알아야 한다. 바로 지금, 여기, 한순간마다 꿈을 이뤄 가는 아름다움과 경이로움이 깃들어 있다. _ 마크 앨런

나에게 고마운 일

1. _____

2. _____

3. _____

다른 사람에게 고마운 일

1. _____

2. _____

3. _____

오늘 기억에 남는 일

1. _____

2. _____

3. _____

03

감사는 과거에 주어지는 덕행이 아니라
미래를 살찌게 하는 덕행이다. _ 영국 격언

나에게 고마운 일

1. _____

2. _____

3. _____

다른 사람에게 고마운 일

1. _____

2. _____

3. _____

오늘 기억에 남는 일

1. _____

2. _____

3. _____

04

한겨울에도 **움트는 봄**이 있는가 하면 밤의 장막 뒤에도
미소 짓는 새벽이 있다. _ 칼릴 지브란

나에게 고마운 일

1. _____

2. _____

3. _____

다른 사람에게 고마운 일

1. _____

2. _____

3. _____

오늘 기억에 남는 일

1. _____

2. _____

3. _____

05

자기 성찰과 성장의 무한한 가능성은
인생의 두 번째 장에 있다. _ 카를 구스타프 융

나에게 고마운 일

1. _____

2. _____

3. _____

다른 사람에게 고마운 일

1. _____

2. _____

3. _____

오늘 기억에 남는 일

1. _____

2. _____

3. _____

06

미소, 친절한 말, 사소한 보살핌, 우리는 이들의 위력을 과소평가한다.
이들은 인생의 고비를 넘어가게 할 잠재력을 갖고 있다. _ 레오 버스카글리아

나에게 고마운 일

1. _____

2. _____

3. _____

다른 사람에게 고마운 일

1. _____

2. _____

3. _____

오늘 기억에 남는 일

1. _____

2. _____

3. _____

07

앞에 놓인 삶을 향해 **미소** 지어 보라. 미소의 절반은 당신 얼굴에 나타난다.
나머지 절반은 친구들 얼굴에 나타난다. _ 티베트 격언

나에게 고마운 일

1. _____

2. _____

3. _____

다른 사람에게 고마운 일

1. _____

2. _____

3. _____

오늘 기억에 남는 일

1. _____

2. _____

3. _____

08

주어진 삶을 살아라. 삶은 멋진 선물이다.
거기에 사소한 것은 없다. _ 플로렌스 나이팅게일

나에게 고마운 일

1. _____

2. _____

3. _____

다른 사람에게 고마운 일

1. _____

2. _____

3. _____

오늘 기억에 남는 일

1. _____

2. _____

3. _____

09

꿈을 품고 시작하라. **새로운 일을 시작하는 용기 속에**
당신의 천재성과 능력과 기적이 모두 숨어 있다. _ 요한 볼프강 폰 괴테

나에게 고마운 일

1. _____

2. _____

3. _____

다른 사람에게 고마운 일

1. _____

2. _____

3. _____

오늘 기억에 남는 일

1. _____

2. _____

3. _____

10

우리 내면에는 언제든지 들어가서
자신을 회복할 수 있는 **고요한 성소**가 있다. _ 헤르만 헤세

나에게 고마운 일

1. _____

2. _____

3. _____

다른 사람에게 고마운 일

1. _____

2. _____

3. _____

오늘 기억에 남는 일

1. _____

2. _____

3. _____

11

하루하루란 도대체 얼마나 값진 **생의 특전**인가.
거창하게, 아름답게, 행복하게. _ 헬렌 니어링

나에게 고마운 일

1. _____

2. _____

3. _____

다른 사람에게 고마운 일

1. _____

2. _____

3. _____

오늘 기억에 남는 일

1. _____

2. _____

3. _____

12

보조를 맞춰 걷지 않는 사람이 있다면 듣고 있는 북소리가 다르기 때문일 것이다.
박자가 어떠하든, 사람은 누구나 **자기에게 들리는 음악에**
걸음을 맞춰야 한다. _ 헨리 데이비드 소로

나에게 고마운 일

1. _____

2. _____

3. _____

다른 사람에게 고마운 일

1. _____

2. _____

3. _____

오늘 기억에 남는 일

1. _____

2. _____

3. _____

13

사랑은 끊임없이 배워야 하는 것이다.
그 끝은 존재하지 않는다. _ 캐서린 앤 포터

나에게 고마운 일

1. _____

2. _____

3. _____

다른 사람에게 고마운 일

1. _____

2. _____

3. _____

오늘 기억에 남는 일

1. _____

2. _____

3. _____

14

삶의 목적은 살고, 최대한으로 경험하며,
두려움 없이 열정적으로 새로운 경험을 찾아 나서는 것이다. _ 엘리너 루스벨트

나에게 고마운 일

1. _____

2. _____

3. _____

다른 사람에게 고마운 일

1. _____

2. _____

3. _____

오늘 기억에 남는 일

1. _____

2. _____

3. _____

15

완벽한 것은 **사소함**에서 온다.
하지만 완벽 그 자체는 사소한 것이 아니다. _ 미켈란젤로 부오나로티

나에게 고마운 일

1. _____

2. _____

3. _____

다른 사람에게 고마운 일

1. _____

2. _____

3. _____

오늘 기억에 남는 일

1. _____

2. _____

3. _____

어떤 계절을 가장 좋아하세요?

벚꽃이 휘날리는 봄? 풍덩풍덩 물놀이를 할 수 있는 여름?

시시각각 변하는 자연이 눈에 보이는 가을?

눈이 펑펑 내리는 겨울?

계절의 변화를 온몸으로 느껴 보세요.

16

내면의 나침반에 따라 살 때 인생의 참뜻에 성큼 다가선다. _ 앤드류 매튜스

나에게 고마운 일

1. _____

2. _____

3. _____

다른 사람에게 고마운 일

1. _____

2. _____

3. _____

오늘 기억에 남는 일

1. _____

2. _____

3. _____

17

사람은 만족하기 위해서가 아니라 **기뻐하기 위해** 태어났다. _ 폴 클로델

나에게 고마운 일

1. _____

2. _____

3. _____

다른 사람에게 고마운 일

1. _____

2. _____

3. _____

오늘 기억에 남는 일

1. _____

2. _____

3. _____

18

감사는 **정중함**의 가장 아름다운 표현이다. _ 자크 마리탱

나에게 고마운 일

1. _____

2. _____

3. _____

다른 사람에게 고마운 일

1. _____

2. _____

3. _____

오늘 기억에 남는 일

1. _____

2. _____

3. _____

19

모든 문제에 정해진 해결법은 없다. **진행하는 힘**이 필요할 뿐이다.
그것만 있으면 해결책은 저절로 알게 된다. _ 앙투안 드 생텍쥐페리

나에게 고마운 일

1. _____

2. _____

3. _____

다른 사람에게 고마운 일

1. _____

2. _____

3. _____

오늘 기억에 남는 일

1. _____

2. _____

3. _____

20

나이는 아무런 의미가 없다.
제일 좋은 곡은 **가장 오래된 바이올린**으로 연주한다. _ 지그문트 엥겔

나에게 고마운 일

1. _____

2. _____

3. _____

다른 사람에게 고마운 일

1. _____

2. _____

3. _____

오늘 기억에 남는 일

1. _____

2. _____

3. _____

21

저 밝아 오는 아침 어딘가에 기적이 숨어 있다. **새로운 하루, 새로운 시도,
또 한 번의 출발**이야말로 얼마나 큰 기쁨인가! _ 조지프 프리스틀리

나에게 고마운 일

1. _____

2. _____

3. _____

다른 사람에게 고마운 일

1. _____

2. _____

3. _____

오늘 기억에 남는 일

1. _____

2. _____

3. _____

22

모든 경험은 하나의 아침. 그것을 통해 미지의 세계는 밝아 온다. 경험을 쌓아 올린 사람은 점쟁이보다 더 많은 것을 알고 있다. _ 레오나르도 다 빈치

나에게 고마운 일

1. _____

2. _____

3. _____

다른 사람에게 고마운 일

1. _____

2. _____

3. _____

오늘 기억에 남는 일

1. _____

2. _____

3. _____

23

사랑에 빠지는 건 구멍에 빠지는 것과 달라요. **우주 공간으로 빠져드는 느낌**입니다.
나만 사는 별에서 뛰어내려 다른 사람의 별을 방문하는 거죠.
그곳의 모든 게 달라 보여요. 꽃, 동물, 사람들이 입은 옷 색깔 모두. _ 재닛 윈터슨

나에게 고마운 일

1. _____

2. _____

3. _____

다른 사람에게 고마운 일

1. _____

2. _____

3. _____

오늘 기억에 남는 일

1. _____

2. _____

3. _____

24

위대함과 평범함의 차이는 **하루하루를 재창조할 수 있는**
상상력과 열망을 갖고 있느냐에 달렸다. _ 톰 피터스

나에게 고마운 일

1. _____

2. _____

3. _____

다른 사람에게 고마운 일

1. _____

2. _____

3. _____

오늘 기억에 남는 일

1. _____

2. _____

3. _____

25

사랑하는 것을 가질 수 없을 때는 **가진 것을 사랑하라.** _ 루시라 부틴

나에게 고마운 일

1. _____

2. _____

3. _____

다른 사람에게 고마운 일

1. _____

2. _____

3. _____

오늘 기억에 남는 일

1. _____

2. _____

3. _____

26

누구나 자신의 생각을 정리하기 위해 비밀이 필요하다. 어떤 **비밀**을 간직하고
밝히는가에 따라 한 사람의 성숙도와 자유를 측정할 수 있다. _ 폴 투르니에

나에게 고마운 일

1. _____

2. _____

3. _____

다른 사람에게 고마운 일

1. _____

2. _____

3. _____

오늘 기억에 남는 일

1. _____

2. _____

3. _____

27

너무 가난해서 **줄 것이 없는 사람은 없다.** 또한 너무 부유해서
아무것도 받을 것이 없는 사람도 없다. _ 요한 바오로 2세

나에게 고마운 일

1. _____

2. _____

3. _____

다른 사람에게 고마운 일

1. _____

2. _____

3. _____

오늘 기억에 남는 일

1. _____

2. _____

3. _____

28

사과 속에 들어 있는 씨앗은 셀 수 있지만
씨앗 속에 들어 있는 사과는 셀 수 없다. _ 켄 키지

나에게 고마운 일

1. _____

2. _____

3. _____

다른 사람에게 고마운 일

1. _____

2. _____

3. _____

오늘 기억에 남는 일

1. _____

2. _____

3. _____

29

인생을 되돌아봤을 때, 제대로 살았다고 생각되는 순간은 **오직 사랑하는 마음으로**
살았던 순간뿐이다. _ 헨리 드러먼드

나에게 고마운 일

1. _____

2. _____

3. _____

다른 사람에게 고마운 일

1. _____

2. _____

3. _____

오늘 기억에 남는 일

1. _____

2. _____

3. _____

30

너무 멀리 보는 사람은 자신 앞에 **펼쳐진 초원**을 보지 못한다. _ 인도 격언

나에게 고마운 일

1. _____

2. _____

3. _____

다른 사람에게 고마운 일

1. _____

2. _____

3. _____

오늘 기억에 남는 일

1. _____

2. _____

3. _____

하루를 '하고 싶은 일'로 채워 봐요.
꿈을 이루기 위한 한 발자국이든, 취미 생활이든,
아주 사소한 일이어도 좋습니다.
좋아하는 것에 푹 빠져 시간을 보내 보세요.

다시 감사하기

나에게 고마운 일

1. _____

2. _____

3. _____

다른 사람에게 고마운 일

1. _____

2. _____

3. _____

특히 기억에 남는 일

1. _____

2. _____

3. _____

지난 기간 감사했던 기록을 다시 펼쳐 보며, 특히 기억에 남는 일을 세 가지씩 꼽아 보세요. 그 순간을 그림으로 그리거나 사진으로 기록해 보세요. 여러 번 곱씹을수록 우리는 더 작은 것에, 더 자주 감사하게 됩니다.

내 인생의 네 컷

기억에 남는 순간을 네 컷으로 그리거나,
좋은 사람들과 함께하며 찍은 사진을 빈칸에 붙여 봅시다.

31

나에게는 너무나 많은 것이 주어졌다.
나에게 어떤 것이 없는지 생각하며 머뭇거릴 시간이 없다. _ 헬렌 켈러

나에게 고마운 일

1. _____

2. _____

3. _____

다른 사람에게 고마운 일

1. _____

2. _____

3. _____

오늘 기억에 남는 일

1. _____

2. _____

3. _____

32

만약 내가 다시 한번 살 수 있다면 적어도 일주일에 한 번쯤은
시를 읽고 음악을 듣는 것을 습관으로 삼을 것이다. _ 찰스 다윈

나에게 고마운 일

1. _____

2. _____

3. _____

다른 사람에게 고마운 일

1. _____

2. _____

3. _____

오늘 기억에 남는 일

1. _____

2. _____

3. _____

33

감사하는 법을 배운다는 것은 인생의 **좋은 일에 집중하는 법**을
배우는 셈이다. _ 에이미 반더빌트

나에게 고마운 일

1. _____

2. _____

3. _____

다른 사람에게 고마운 일

1. _____

2. _____

3. _____

오늘 기억에 남는 일

1. _____

2. _____

3. _____

34

자신을 사랑하는 것이야말로 **평생 지속되는 로맨스**이다. _ 오스카 와일드

나에게 고마운 일

1. _____

2. _____

3. _____

다른 사람에게 고마운 일

1. _____

2. _____

3. _____

오늘 기억에 남는 일

1. _____

2. _____

3. _____

35

나의 가치는 내가 선택한 것이다. 매일매일 **내가 선택하고 생각하고
행동하는 것**에 따라 나의 가치가 형성된다. _ 헤라클레이토스

나에게 고마운 일

I. _____

2. _____

3. _____

다른 사람에게 고마운 일

I. _____

2. _____

3. _____

오늘 기억에 남는 일

I. _____

2. _____

3. _____

36

사랑에 빠질 때 그것이 이뤄질 가능성을 미리 헤아려야 할까? 어떤 계산도 있을 수 없지. 우리는 사랑하기 때문에 사랑하는 거니까. _ 빈센트 반 고흐

나에게 고마운 일

1. _____

2. _____

3. _____

다른 사람에게 고마운 일

1. _____

2. _____

3. _____

오늘 기억에 남는 일

1. _____

2. _____

3. _____

37

다른 사람의 세계를 인정하는 것만으로도 우리는
우리의 세계를 넓힐 수 있다. _ 라스카사스

나에게 고마운 일

1. _____

2. _____

3. _____

다른 사람에게 고마운 일

1. _____

2. _____

3. _____

오늘 기억에 남는 일

1. _____

2. _____

3. _____

38

변화에서 가장 힘든 것은 새로운 걸 생각해 내는 게 아니다.
갖고 있는 틀에서 벗어나는 것이다. _ 존 메이너드 케인스

나에게 고마운 일

1. _____

2. _____

3. _____

다른 사람에게 고마운 일

1. _____

2. _____

3. _____

오늘 기억에 남는 일

1. _____

2. _____

3. _____

39

모든 삶이 정각에 **출발**하는 건 아니야.
모든 삶이 정각에 **도착**하는 것도 아니지. _ 칼 필레머

나에게 고마운 일

I. _____

2. _____

3. _____

다른 사람에게 고마운 일

I. _____

2. _____

3. _____

오늘 기억에 남는 일

I. _____

2. _____

3. _____

40

당신의 동의 없이는 아무도 당신에게
열등감을 느끼게 할 수 없다. _ 엘리노어 루스벨트

나에게 고마운 일

1. _____

2. _____

3. _____

다른 사람에게 고마운 일

1. _____

2. _____

3. _____

오늘 기억에 남는 일

1. _____

2. _____

3. _____

41

우리 영혼에 희망이 있느냐 없느냐에 따라 모든 것이 바뀐다.
인간의 활동은 **희망이 전제되었을 때** 가능하다. _ 데니 아미엘

나에게 고마운 일

1. _____

2. _____

3. _____

다른 사람에게 고마운 일

1. _____

2. _____

3. _____

오늘 기억에 남는 일

1. _____

2. _____

3. _____

42

당신이 원하는 모습이 되기에 너무 늦은 때란 없다. _ 조지 엘리엇

나에게 고마운 일

1. _____

2. _____

3. _____

다른 사람에게 고마운 일

1. _____

2. _____

3. _____

오늘 기억에 남는 일

1. _____

2. _____

3. _____

43

나누어 줄 줄 알아야 높아진다네. 물을 나누어 주는 구름은 더 높고,
물을 저 혼자 간직하는 바다는 낮은 것처럼. _ 인도 잠언시

나에게 고마운 일

1. _____

2. _____

3. _____

다른 사람에게 고마운 일

1. _____

2. _____

3. _____

오늘 기억에 남는 일

1. _____

2. _____

3. _____

44

**나무 이파리 하나의 신비가 별들의
우주여행보다 못할 것이 없다. _ 월트 휘트먼**

나에게 고마운 일

1. _____

2. _____

3. _____

다른 사람에게 고마운 일

1. _____

2. _____

3. _____

오늘 기억에 남는 일

1. _____

2. _____

3. _____

45

내가 가장 좋아하는 일은 **해 본 적 없는 일**을 하는 것이다. _ 칼 라거펠트

나에게 고마운 일

1. _____

2. _____

3. _____

다른 사람에게 고마운 일

1. _____

2. _____

3. _____

오늘 기억에 남는 일

1. _____

2. _____

3. _____

항상 웃을 일, 좋은 일만 생길 수는 없죠.
일이 뜻대로 풀리지 않아 속상할 때도 있을 거예요.
감정을 기록으로 남겨 보세요.
지나가고 나면 전부 나의 힘이 될 거예요.

46

당신이 **결정하는 순간** 버려져 있던 어마어마한 에너지가
움직이기 시작한다. _ 로버트 프리츠

나에게 고마운 일

1. _____

2. _____

3. _____

다른 사람에게 고마운 일

1. _____

2. _____

3. _____

오늘 기억에 남는 일

1. _____

2. _____

3. _____

47

우리의 삶은 결코 소진되지 않는다.
잠재된 능력이 무궁무진하기 때문이다. _ 콜린 윌슨

나에게 고마운 일

1. _____

2. _____

3. _____

다른 사람에게 고마운 일

1. _____

2. _____

3. _____

오늘 기억에 남는 일

1. _____

2. _____

3. _____

48

다른 사람이 감히 생각하지도 못할 때, 내가 해야 할 말과 일들을 슬며시 나에게
계시해 주는 것은 나의 천재성이 아니라 **숙려와 명상**이다. _ 보나파르트 나폴레옹

나에게 고마운 일

1. _____

2. _____

3. _____

다른 사람에게 고마운 일

1. _____

2. _____

3. _____

오늘 기억에 남는 일

1. _____

2. _____

3. _____

49

아름다운 삶이란 싹을 틔우는 것이다. 그 싹을 틔우는 힘은
바로 사랑에서 나온다. _ 빈센트 반 고흐

나에게 고마운 일

1. _____

2. _____

3. _____

다른 사람에게 고마운 일

1. _____

2. _____

3. _____

오늘 기억에 남는 일

1. _____

2. _____

3. _____

50

성격이 모두 나와 같아지기를 바라지 마라. 매끈한 돌이나 거친 돌이나
다 **제각기 쓸모가 있는 법**이다. _ 안창호

나에게 고마운 일

1. _____

2. _____

3. _____

다른 사람에게 고마운 일

1. _____

2. _____

3. _____

오늘 기억에 남는 일

1. _____

2. _____

3. _____

51

꿈을 밀고 나가는 힘은 이성이 아니라 희망이며
두뇌가 아니라 심장이다. _ 표도르 도스토옙스키

나에게 고마운 일

1. _____

2. _____

3. _____

다른 사람에게 고마운 일

1. _____

2. _____

3. _____

오늘 기억에 남는 일

1. _____

2. _____

3. _____

52

당신을 **존중**하라. 당신의 노력을 존중하라. 이들을 겸비하면
진정한 힘을 가질 수 있다. _ 클린트 이스트우드

나에게 고마운 일

1. _____

2. _____

3. _____

다른 사람에게 고마운 일

1. _____

2. _____

3. _____

오늘 기억에 남는 일

1. _____

2. _____

3. _____

53

어떻게 살아야 할지 고민하는 젊은이들에게 똑같이 답한다.
변함없는 지혜가 담긴 책을 읽고, 산책하고, 사랑을 나누는 일의
미래를 생각해 보는 게 훨씬 **현명한 노력**이라고. _ 안나 홉스

나에게 고마운 일

1. _____

2. _____

3. _____

다른 사람에게 고마운 일

1. _____

2. _____

3. _____

오늘 기억에 남는 일

1. _____

2. _____

3. _____

54

중요한 건 모든 것을 살아보는 일이다. **지금 그 문제를 살라.**
그러면 언젠가 자신도 알지 못하는 사이에
삶이 해답을 가져다줄 테니까. _ 라이너 마리아 릴케

나에게 고마운 일

1. _____

2. _____

3. _____

다른 사람에게 고마운 일

1. _____

2. _____

3. _____

오늘 기억에 남는 일

1. _____

2. _____

3. _____

55

생각은 오래가지 못한다.
따라서 생각은 **실천**되어야 한다. _ 앨프리드 화이트헤드

나에게 고마운 일

1. _____

2. _____

3. _____

다른 사람에게 고마운 일

1. _____

2. _____

3. _____

오늘 기억에 남는 일

1. _____

2. _____

3. _____

56

생명력은 살아남는 능력뿐 아니라
새로 시작하는 능력에서도 드러난다. _ 프랜시스 스콧 피츠제럴드

나에게 고마운 일

1. _____

2. _____

3. _____

다른 사람에게 고마운 일

1. _____

2. _____

3. _____

오늘 기억에 남는 일

1. _____

2. _____

3. _____

57

내가 발견한 것 중 가장 귀중한 것은 **인내**였다. _ 아이작 뉴턴

나에게 고마운 일

1. _____

2. _____

3. _____

다른 사람에게 고마운 일

1. _____

2. _____

3. _____

오늘 기억에 남는 일

1. _____

2. _____

3. _____

58

우리 삶에서 정말로 중요한 일들은
우리가 모르는 사이에 일어난다. _ C. S. 루이스

나에게 고마운 일

1. _____

2. _____

3. _____

다른 사람에게 고마운 일

1. _____

2. _____

3. _____

오늘 기억에 남는 일

1. _____

2. _____

3. _____

59

자기 마음에서 평안을 찾을 수 없을 때는 밖에서 아무리 평안을 찾으려 해도 헛수고일 뿐이다. _ 라 로슈푸코

나에게 고마운 일

1. _____

2. _____

3. _____

다른 사람에게 고마운 일

1. _____

2. _____

3. _____

오늘 기억에 남는 일

1. _____

2. _____

3. _____

60

남을 행복하게 하는 것은 향수를 뿌리는 것과 같다.
뿌릴 때 자신에게도 몇 방울은 튄다. _ 유대인 격언

나에게 고마운 일

1. _____

2. _____

3. _____

다른 사람에게 고마운 일

1. _____

2. _____

3. _____

오늘 기억에 남는 일

1. _____

2. _____

3. _____

오늘이 특별한 날이었으면 좋겠습니다.
작은 이벤트를 만들어 '나만의 날'로 만들어 보세요.
평범하게 지나갔을지도 모르는 하루가
기억에 남는 멋진 날이 될 거예요.

다시 감사하기

나에게 고마운 일

1. _____

2. _____

3. _____

다른 사람에게 고마운 일

1. _____

2. _____

3. _____

특히 기억에 남는 일

1. _____

2. _____

3. _____

지난 기간 감사했던 기록을 다시 펼쳐 보며, 특히 기억에 남는 일을 세 가지씩 꼽아 보세요. 그 순간을 그림으로 그리거나 사진으로 기록해 보세요. 여러 번 곱씹을수록 우리는 더 작은 것에, 더 자주 감사하게 됩니다.

내 인생의 네 컷

기억에 남는 순간을 네 컷으로 그리거나,
좋은 사람들과 함께하며 찍은 사진을 빈칸에 붙여 봅시다.

61

인간의 모든 지혜는 **기다림과 희망**이라는 말로 요약된다. _ 알렉상드르 뒤마

나에게 고마운 일

1. _____

2. _____

3. _____

다른 사람에게 고마운 일

1. _____

2. _____

3. _____

오늘 기억에 남는 일

1. _____

2. _____

3. _____

62

오늘은 내 일생 중에서 가장 중요한 날이며
다른 모든 날을 결정해 주는 날이다. _ 미셸 몽테뉴

나에게 고마운 일

1. _____

2. _____

3. _____

다른 사람에게 고마운 일

1. _____

2. _____

3. _____

오늘 기억에 남는 일

1. _____

2. _____

3. _____

63

희망은 보이지 않는 것을 보고 무형의 것을 만지며
불가능한 일을 성취한다. _ 작자 미상

나에게 고마운 일

1. _____

2. _____

3. _____

다른 사람에게 고마운 일

1. _____

2. _____

3. _____

오늘 기억에 남는 일

1. _____

2. _____

3. _____

64

길을 가다가 저녁 종소리가 들리면
자신을 사랑하는 세 사람을 생각하라. _ 서양 격언

나에게 고마운 일

1. _____

2. _____

3. _____

다른 사람에게 고마운 일

1. _____

2. _____

3. _____

오늘 기억에 남는 일

1. _____

2. _____

3. _____

65

세상을 보는 데는 두 가지 방법이 있다. 모든 만남을 우연으로 보는 것과
모든 만남을 기적으로 보는 것이다. _ 알베르트 아인슈타인

나에게 고마운 일

1. _____

2. _____

3. _____

다른 사람에게 고마운 일

1. _____

2. _____

3. _____

오늘 기억에 남는 일

1. _____

2. _____

3. _____

66

생각은 우물을 파는 것과 같다. 처음에는 흐리지만 차차 맑아진다. _ 중국 격언

나에게 고마운 일

1. _____

2. _____

3. _____

다른 사람에게 고마운 일

1. _____

2. _____

3. _____

오늘 기억에 남는 일

1. _____

2. _____

3. _____

67

어떤 마음을 갖느냐는 오로지 **나의 선택**에 달려 있다.
나는 절망을 선택할 수도, 희망을 선택할 수도 있었다.
나는 희망을 선택하기로 했고, 그것이 내 생명을 연장해 주었다. _ 빅터 프랭클

나에게 고마운 일

1. _____

2. _____

3. _____

다른 사람에게 고마운 일

1. _____

2. _____

3. _____

오늘 기억에 남는 일

1. _____

2. _____

3. _____

68

아는 세계에서 **모르는 세계**로 넘어가지 않으면
아무것도 배울 수 없다. _ 클로드 베르나르

나에게 고마운 일

1. _____

2. _____

3. _____

다른 사람에게 고마운 일

1. _____

2. _____

3. _____

오늘 기억에 남는 일

1. _____

2. _____

3. _____

69

고통은 그 **의미를 찾는** 순간 고통이기를 멈춘다. _ 빅터 프랭클

나에게 고마운 일

1. _____

2. _____

3. _____

다른 사람에게 고마운 일

1. _____

2. _____

3. _____

오늘 기억에 남는 일

1. _____

2. _____

3. _____

70

생각의 씨를 뿌린 뒤 행동의 열매를 거둬들여라.
행동의 씨를 뿌린 뒤 습관의 열매를, 습관의 씨를 뿌린 뒤 성격의 열매를,
성격의 씨를 뿌린 뒤 **인생의 열매**를 거둬들여라. _ 찰스 리드

나에게 고마운 일

1. _____

2. _____

3. _____

다른 사람에게 고마운 일

1. _____

2. _____

3. _____

오늘 기억에 남는 일

1. _____

2. _____

3. _____

71

나이가 든다는 것은 이상적인 인간이 되어 가는 놀라운 과정이다. _ 데이비드 보위

나에게 고마운 일

1. _____

2. _____

3. _____

다른 사람에게 고마운 일

1. _____

2. _____

3. _____

오늘 기억에 남는 일

1. _____

2. _____

3. _____

72

감사하는 법을 배울 때 우리는 인생에서 나쁜 일이 아닌
작은 일에 집중하는 법을 배울 수 있다. _ 에이미 반데빌트

나에게 고마운 일

1. _____

2. _____

3. _____

다른 사람에게 고마운 일

1. _____

2. _____

3. _____

오늘 기억에 남는 일

1. _____

2. _____

3. _____

73

적게 사랑하라. 그러나 길게 사랑하라. _ 윌리엄 셰익스피어

나에게 고마운 일

1. _____

2. _____

3. _____

다른 사람에게 고마운 일

1. _____

2. _____

3. _____

오늘 기억에 남는 일

1. _____

2. _____

3. _____

74

위대해지는 일은 **겸손해지는 일**이다.
아득한 우주에 대한 자신의 적당한 위치를 깨닫고⋯⋯. _ 우치무라 간조

나에게 고마운 일

1. _____

2. _____

3. _____

다른 사람에게 고마운 일

1. _____

2. _____

3. _____

오늘 기억에 남는 일

1. _____

2. _____

3. _____

75

인간이 추구해야 할 것은 돈이 아니라 **언제나 인간**이다. _ 알렉산드르 푸시킨

나에게 고마운 일

1. _____

2. _____

3. _____

다른 사람에게 고마운 일

1. _____

2. _____

3. _____

오늘 기억에 남는 일

1. _____

2. _____

3. _____

함께하면 좋은 사람들과 시간을 보내세요.
"감사합니다."라고 소리 내서 말해 보세요.
"고마워.", "덕분에 잘 됐어.", "기분 좋은 날 보내."
당신이 용기 내 전한 진심 덕분에, 모두가 행복한 날이 될 거예요.

76

결국 중요한 것은 얼마나 깊이 사랑했는가,
얼마나 충만하게 살아왔는가, **얼마나 자유롭게 살아왔는가**이다. _ 잭 콘필드

나에게 고마운 일

1. _____

2. _____

3. _____

다른 사람에게 고마운 일

1. _____

2. _____

3. _____

오늘 기억에 남는 일

1. _____

2. _____

3. _____

77

현재를 잃어버리는 것은 **모든 시간을 잃어버리는 것**이다. _ 영국 격언

나에게 고마운 일

1. _____

2. _____

3. _____

다른 사람에게 고마운 일

1. _____

2. _____

3. _____

오늘 기억에 남는 일

1. _____

2. _____

3. _____

78

삶은 사랑하는 최선의 길을 **사랑하는 것이다.** _ 빈센트 반 고흐

나에게 고마운 일

1. _____

2. _____

3. _____

다른 사람에게 고마운 일

1. _____

2. _____

3. _____

오늘 기억에 남는 일

1. _____

2. _____

3. _____

79

아름다움을 찾으려고 온 세상을 두루 헤매도
마음속에 아름다움을 지닌 사람이 아니면 그것을 찾을 수 없다. _ 랠프 월도 에머슨

나에게 고마운 일

1. _____

2. _____

3. _____

다른 사람에게 고마운 일

1. _____

2. _____

3. _____

오늘 기억에 남는 일

1. _____

2. _____

3. _____

80

감사하는 마음은 다른 사람에게 보내는 감정이 아닌
자기 자신을 위한 평화이다. _《논어》

나에게 고마운 일

1. _____

2. _____

3. _____

다른 사람에게 고마운 일

1. _____

2. _____

3. _____

오늘 기억에 남는 일

1. _____

2. _____

3. _____

81

인간의 삶에는 영원한 세계가 열리는 순간이 있다.
어떤 이들에게는 그런 순간이 무심코 지나치고 마는 유성 같은 것이지만
어떤 이들에게는 **영원히 꺼지지 않는 불꽃**이 된다. _ 아브라함 J. 헤셸

나에게 고마운 일

1. _____

2. _____

3. _____

다른 사람에게 고마운 일

1. _____

2. _____

3. _____

오늘 기억에 남는 일

1. _____

2. _____

3. _____

82

인간은 눈에 띄지 않을 만큼 작고, 말로 표현할 수 없을 만큼 연약하며
부서지기 쉽지만, **완성의 여지**가 있다. _ 데니 아미엘

나에게 고마운 일

1. _____

2. _____

3. _____

다른 사람에게 고마운 일

1. _____

2. _____

3. _____

오늘 기억에 남는 일

1. _____

2. _____

3. _____

83

바뀐 것은 없다. 단지 **내가 달라졌을** 뿐이다.
내가 달라짐으로써 모든 것이 달라진다. _ 마르셀 프루스트

나에게 고마운 일

1. _____

2. _____

3. _____

다른 사람에게 고마운 일

1. _____

2. _____

3. _____

오늘 기억에 남는 일

1. _____

2. _____

3. _____

84

사랑은 사랑을 잃을 수 있다는 것을 알면서도
계속되는 것이다. _ 길버트 키스 체스터턴

나에게 고마운 일

1. _____

2. _____

3. _____

다른 사람에게 고마운 일

1. _____

2. _____

3. _____

오늘 기억에 남는 일

1. _____

2. _____

3. _____

85

자신을 존중하는 사람은 타인으로부터 안전하다.
그는 누구도 뚫을 수 없는 갑옷 외투를 입고 있다. _ 헨리 워즈워스 롱펠로

나에게 고마운 일

1. _____

2. _____

3. _____

다른 사람에게 고마운 일

1. _____

2. _____

3. _____

오늘 기억에 남는 일

1. _____

2. _____

3. _____

86

우리가 **깊이 사랑하는 것은** 언젠가 우리의 일부분이 된다. _ 헬렌 켈러

나에게 고마운 일

1. _____

2. _____

3. _____

다른 사람에게 고마운 일

1. _____

2. _____

3. _____

오늘 기억에 남는 일

1. _____

2. _____

3. _____

87

우리가 이 순간 무엇을 해야 하는지를 알기만 한다면
바로 지금이 가장 좋은 시간이다. _ 랠프 월도 에머슨

나에게 고마운 일

1. _____

2. _____

3. _____

다른 사람에게 고마운 일

1. _____

2. _____

3. _____

오늘 기억에 남는 일

1. _____

2. _____

3. _____

88

미래가 좋은 것은 그것이
하루하루씩 다가오기 때문이다. _ 에이브러햄 링컨

나에게 고마운 일

1. _____

2. _____

3. _____

다른 사람에게 고마운 일

1. _____

2. _____

3. _____

오늘 기억에 남는 일

1. _____

2. _____

3. _____

89

우리가 하는 일이 소용없어 보이고 더 나아가 우리의 기대와 정반대거나,
그 일로 아무것도 얻지 못할 수 있다는 사실과 직면해야 한다.
이런 생각에 익숙해지면 점차 결과가 아니라 **가치와 정당성과 일의 진실**에
집중하기 시작한다. _ 토머스 머튼

나에게 고마운 일

1. _____

2. _____

3. _____

다른 사람에게 고마운 일

1. _____

2. _____

3. _____

오늘 기억에 남는 일

1. _____

2. _____

3. _____

90

태도가 전부는 아니지만, 전부에 가깝다고 봐도 좋을 것이다.
많은 상황에서 **태도는 우리가 가진 유일한 무기다.** _ 메리 파이퍼

나에게 고마운 일

1. _____

2. _____

3. _____

다른 사람에게 고마운 일

1. _____

2. _____

3. _____

오늘 기억에 남는 일

1. _____

2. _____

3. _____

생명력 넘치는 식물은 바라보는 것만으로도 기분이 좋아져요.
느리지만 푸릇푸릇 싱그럽게 자라나는 잎사귀처럼
나도 자라나고 있습니다.

91

성공하는 사람이란 **남들이 자기에게 던진 벽돌로**
튼튼한 기초를 쌓아 가는 사람. _ 데이비드 브링클리

나에게 고마운 일

1. _____

2. _____

3. _____

다른 사람에게 고마운 일

1. _____

2. _____

3. _____

오늘 기억에 남는 일

1. _____

2. _____

3. _____

걸음마를 익히는 아기를 보세요. 아기가 단번에 성공할 거라 믿나요?
다시 서 보고, 그러다 또 쿵 하고 넘어지지요.
아기는 평균 이천 번을 넘어져야 비로소 **걷는 법**을 배웁니다. _ 로랑 구넬

나에게 고마운 일

1. _____

2. _____

3. _____

다른 사람에게 고마운 일

1. _____

2. _____

3. _____

오늘 기억에 남는 일

1. _____

2. _____

3. _____

93

인생에 **책임을 진다는 것**은 두 가지를 뜻한다네.
이해하는 것 그리고 인정하는 것. _ 페터 비에리

나에게 고마운 일

1. _____

2. _____

3. _____

다른 사람에게 고마운 일

1. _____

2. _____

3. _____

오늘 기억에 남는 일

1. _____

2. _____

3. _____

94

건강은 정신과 몸을 가꾸는 행위이고,
결국 **자신의 삶을 돌보겠다**는 다짐이다. _ 나카가와 히데코

나에게 고마운 일

1. _____

2. _____

3. _____

다른 사람에게 고마운 일

1. _____

2. _____

3. _____

오늘 기억에 남는 일

1. _____

2. _____

3. _____

95

당신이 원하는 모든 것은 **두려움 저편**에 존재한다. _ 잭 캔필드

나에게 고마운 일

1. _____

2. _____

3. _____

다른 사람에게 고마운 일

1. _____

2. _____

3. _____

오늘 기억에 남는 일

1. _____

2. _____

3. _____

96

마음속에 **푸른 가지**를 품고 있으면
지저귀는 새가 날아와 그곳에 앉는다. _ 중국 격언

나에게 고마운 일

1. _____

2. _____

3. _____

다른 사람에게 고마운 일

1. _____

2. _____

3. _____

오늘 기억에 남는 일

1. _____

2. _____

3. _____

97

신이 우리에게 **기억력을 주신 이유**는
12월에도 장미를 기억할 수 있게 하기 위함이다. _ 제임스 매튜 배리

나에게 고마운 일

1. _____

2. _____

3. _____

다른 사람에게 고마운 일

1. _____

2. _____

3. _____

오늘 기억에 남는 일

1. _____

2. _____

3. _____

98

길을 찾지 못했을 때 우리에게 필요한 것은 꿈이다.
미래에 대한 꿈이 아니라 **현재에 대한 꿈**이다. _ 루쉰

나에게 고마운 일

1. _____

2. _____

3. _____

다른 사람에게 고마운 일

1. _____

2. _____

3. _____

오늘 기억에 남는 일

1. _____

2. _____

3. _____

99

내가 고른 붓, 내가 고른 색깔을 가지고 내 손으로 **직접 그린 낙원** 속으로
뛰어들자. _ 니코스 카잔차키스

나에게 고마운 일

1. _____

2. _____

3. _____

다른 사람에게 고마운 일

1. _____

2. _____

3. _____

오늘 기억에 남는 일

1. _____

2. _____

3. _____

100

감사의 말은 지구상에서 영원히 가장 강력한 힘이다. _ 조지 W. 크레인

나에게 고마운 일

1. _____

2. _____

3. _____

다른 사람에게 고마운 일

1. _____

2. _____

3. _____

오늘 기억에 남는 일

1. _____

2. _____

3. _____

다시 감사하기

나에게 고마운 일

1. _____

2. _____

3. _____

다른 사람에게 고마운 일

1. _____

2. _____

3. _____

특히 기억에 남는 일

1. _____

2. _____

3. _____

지난 기간 감사했던 기록을 다시 펼쳐 보며, 특히 기억에 남는 일을 세 가지씩 꼽아 보세요. 그 순간을 그림으로 그리거나 사진으로 기록해 보세요. 여러 번 곱씹을수록 우리는 더 작은 것에, 더 자주 감사하게 됩니다.

내 인생의 네 컷

기억에 남는 순간을 네 컷으로 그리거나,
좋은 사람들과 함께하며 찍은 사진을 빈칸에 붙여 봅시다.

MEMO

MEMO

3·3·3
감사 노트 [Sweet Dream]

초판 1쇄 발행 2023년 3월 1일
초판 3쇄 발행 2024년 3월 31일

지은이   좋은생각 편집부
펴낸이   허대우

기획 편집   이정은, 한혜인
디자인   도미솔, 길수진
영업·마케팅   도건홍, 김은석, 정성효, 김서연, 김경언
경영지원   채희승, 안보람, 황정웅

펴낸곳   ㈜좋은생각사람들
주소   서울시 마포구 월드컵북로22 영준빌딩 2층
이메일   book@positive.co.kr
출판등록   2004년 8월 4일 제2004-000184호

ISBN 979-11-87033-94-3 (03300)

• 책값은 뒤표지에 표시되어 있습니다.
• 이 책의 내용을 재사용하려면 반드시 저작권자와 (주)좋은생각사람들 양측의
  서면 동의를 받아야 합니다.
• 잘못 만들어진 책은 구입하신 곳에서 바꿔 드립니다.

좋은생각은 긍정, 희망, 사랑, 위로, 즐거움을 불어넣는 책을 만듭니다.

ⓞ positivebook_insta   Ⓗ www.positive.co.kr